MW00480313

This book belongs to:

_____

_____

Hike	Page

Hike	Page

Hike	Page

Hike	Page

Hike/Trail Name: _____

Date: _____ Distance: _____

Location: _____

Companions: _____

Weather	Difficulty
☀ ⛅ ☁ 🌧	🚶 🥾 🧗
	1 2 3 4 5
Temperature: _____	_____

Two great things about the hike:

1. _____

2. _____

Description/Highlights:

_____
_____
_____
_____
_____
_____
_____
_____
_____

Hike Overall Rating
☆ ☆ ☆ ☆ ☆   _____
_____

Hike/Trail Name: _____

Date: _____   Distance: _____

Location: _____

Companions: _____

Weather	Difficulty
☀️ 🌦 ☁️ 🌧	🚶 🥾 🧗
	1 2 3 4 5
Temperature: _____	_____

Two great things about the hike:

1. _____

2. _____

Description/Highlights:

_____
_____
_____
_____
_____
_____
_____
_____
_____

Hike Overall Rating
☆ ☆ ☆ ☆ ☆

_____
_____

Hike/Trail Name: _____

Date: _____ Distance: _____

Location: _____

Companions: _____

Weather	Difficulty
☀ ⛅ ☁ 🌧	🚶 🚶 🧗
	1 2 3 4 5
Temperature: _____	_____

Two great things about the hike:

1. _____

2. _____

Description/Highlights:

_____
_____
_____
_____
_____
_____
_____
_____
_____

Hike Overall Rating
☆ ☆ ☆ ☆ ☆

_____
_____

Hike/Trail Name: _____

Date: _____   Distance: _____

Location: _____

Companions: _____

Weather	Difficulty

Weather

☀️ ⛅ ☁️ 🌧️

Temperature: _____

Difficulty

🚶 🥾 🧗

1   2   3   4   5

_____

Two great things about the hike:

1. _____

2. _____

Description/Highlights:

_____
_____
_____
_____
_____
_____
_____
_____
_____
_____

Hike Overall Rating
☆ ☆ ☆ ☆ ☆

_____
_____

Hike/Trail Name: _____

Date: _____ Distance: _____

Location: _____

Companions: _____

Weather	Difficulty

Weather

☀ ⛅ ☁ 🌧

Temperature: _____

Difficulty

🚶 🥾 🧗

1 2 3 4 5

_____

Two great things about the hike:

1. _____

2. _____

Description/Highlights:

_____

_____

_____

_____

_____

_____

_____

_____

_____

Hike Overall Rating

☆ ☆ ☆ ☆ ☆

_____

_____

Hike/Trail Name: _____

Date: _____ Distance: _____

Location: _____

Companions: _____

Weather	Difficulty
☀ ⛅ ☁ 🌧	🚶 🥾 🧗
	1 2 3 4 5
Temperature: _____	_____

Two great things about the hike:

1. _____

2. _____

Description/Highlights:

_____

_____

_____

_____

_____

_____

_____

_____

_____

Hike Overall Rating

☆ ☆ ☆ ☆ ☆ _____

_____

Hike/Trail Name: _____

Date: _____ Distance: _____

Location: _____

Companions: _____

Weather	Difficulty
☀ ⛅ ☁ 🌧	🚶 🥾 🧗
	1 2 3 4 5
Temperature: _____	_____

Two great things about the hike:

1. _____

2. _____

Description/Highlights:

_____

_____

_____

_____

_____

_____

_____

_____

_____

Hike Overall Rating
☆ ☆ ☆ ☆ ☆

_____

_____

Hike/Trail Name: _____

Date: _____ Distance: _____

Location: _____

Companions: _____

Weather	Difficulty
☀ ⛅ ☁ 🌧	🚶 🥾 🧗
	1 2 3 4 5
Temperature: _____	_____

Two great things about the hike:

1. _____

2. _____

Description/Highlights:

_____
_____
_____
_____
_____
_____
_____
_____
_____

Hike Overall Rating
☆ ☆ ☆ ☆ ☆

Hike/Trail Name: _____

Date: _____ Distance: _____

Location: _____

Companions: _____

Weather	Difficulty
☀ ⛅ ☁ 🌧	🚶 🥾 🧗
	1 2 3 4 5
Temperature: _____	_____

Two great things about the hike:

1. _____

2. _____

Description/Highlights:

_____
_____
_____
_____
_____
_____
_____
_____
_____

Hike Overall Rating

☆ ☆ ☆ ☆ ☆

_____
_____

Hike/Trail Name: _____

Date: _____   Distance: _____

Location: _____

Companions: _____

Weather	Difficulty

Weather

☀ ⛅ ☁ 🌧

Temperature: _____

Difficulty

🚶 🥾 🧗
1   2   3   4   5

_____

Two great things about the hike:

1. _____

2. _____

Description/Highlights:

_____
_____
_____
_____
_____
_____
_____
_____
_____

Hike Overall Rating
☆ ☆ ☆ ☆ ☆

_____
_____

Hike/Trail Name: _____

Date: _____ Distance: _____

Location: _____

Companions: _____

Weather	Difficulty
☀ ⛅ ☁ 🌧	🚶 🥾 🧗
	1 2 3 4 5
Temperature: _____	_____

Two great things about the hike:

1. _____

2. _____

Description/Highlights:

_____
_____
_____
_____
_____
_____
_____
_____
_____

Hike Overall Rating

☆ ☆ ☆ ☆ ☆

_____
_____

Hike/Trail Name: _____

Date: _____ Distance: _____

Location: _____

Companions: _____

Weather	Difficulty
☀ ⛅ ☁ 🌧	🚶 🥾 🧗
	1 2 3 4 5
Temperature: _____	_____

Two great things about the hike:

1. _____

2. _____

Description/Highlights:

_____
_____
_____
_____
_____
_____
_____
_____
_____

Hike Overall Rating
☆ ☆ ☆ ☆ ☆

Hike/Trail Name: _____

Date: _____ Distance: _____

Location: _____

Companions: _____

Weather	Difficulty
☀ ⛅ ☁ 🌧	🚶 🚶 🧗
	1 2 3 4 5
Temperature: _____	_____

Two great things about the hike:

1. _____

2. _____

Description/Highlights:

_____
_____
_____
_____
_____
_____
_____
_____
_____

Hike Overall Rating
☆ ☆ ☆ ☆ ☆

_____
_____

Hike/Trail Name: _____

Date: _____ Distance: _____

Location: _____

Companions: _____

Weather

☀ ⛅ ☁ 🌧

Temperature: _____

Difficulty

🚶 🥾 🧗

1 2 3 4 5

_____

Two great things about the hike:

1. _____

2. _____

Description/Highlights:

_____

_____

_____

_____

_____

_____

_____

_____

_____

Hike Overall Rating

☆ ☆ ☆ ☆ ☆

_____

_____

Hike/Trail Name: _____

Date: _____ Distance: _____

Location: _____

Companions: _____

Weather	Difficulty

Weather

☀ ⛅ ☁ 🌧

Temperature: _____

Difficulty

🚶 🚶 🧗

1 2 3 4 5

_____

Two great things about the hike:

1. _____

2. _____

Description/Highlights:

_____
_____
_____
_____
_____
_____
_____
_____
_____

Hike Overall Rating

☆ ☆ ☆ ☆ ☆

_____
_____

Hike/Trail Name: _____

Date: _____ Distance: _____

Location: _____

Companions: _____

Weather	Difficulty
☀ ⛅ ☁ 🌧	🚶 🚶‍♂️ 🧗
	1 2 3 4 5
Temperature: _____	_____

Two great things about the hike:

1. _____

2. _____

Description/Highlights:

_____
_____
_____
_____
_____
_____
_____
_____

Hike Overall Rating	_____
☆ ☆ ☆ ☆ ☆	_____

Hike/Trail Name: _____

Date: _____ Distance: _____

Location: _____

Companions: _____

Weather	Difficulty

Weather

☀ ⛅ ☁ 🌧

Temperature: _____

Difficulty

🚶 🚶 🧗
1 2 3 4 5

_____

Two great things about the hike:

1. _____

2. _____

Description/Highlights:

_____
_____
_____
_____
_____
_____
_____
_____
_____

Hike Overall Rating
☆ ☆ ☆ ☆ ☆

_____
_____

Hike/Trail Name: _____

Date: _____   Distance: _____

Location: _____

Companions: _____

Weather	Difficulty

☀ ⛅ ☁ 🌧

Temperature: _____

🚶 🥾 🧗
1   2   3   4   5
_____

Two great things about the hike:

1. _____

2. _____

Description/Highlights:

_____
_____
_____
_____
_____
_____
_____
_____
_____

Hike Overall Rating
☆ ☆ ☆ ☆ ☆   _____
                  _____

Hike/Trail Name: _____

Date: _____ Distance: _____

Location: _____

Companions: _____

<table>
<tr><td>

Weather

☀ ⛅ ☁ 🌧

Temperature: _____

</td><td>

Difficulty

🚶 🚶 🧗
1　2　3　4　5

_____

</td></tr>
</table>

Two great things about the hike:

1. _____

2. _____

Description/Highlights:

_____

_____

_____

_____

_____

_____

_____

_____

_____

Hike Overall Rating
☆ ☆ ☆ ☆ ☆

Hike/Trail Name: _____

Date: _____ Distance: _____

Location: _____

Companions: _____

Weather	Difficulty
☀ ⛅ ☁ 🌧	🚶 🚶‍♂️ 🧗
	1 2 3 4 5
Temperature: _____	_____

Two great things about the hike:

1. _____

2. _____

Description/Highlights:

_____
_____
_____
_____
_____
_____
_____
_____

Hike Overall Rating
☆ ☆ ☆ ☆ ☆

Hike/Trail Name: _____

Date: _____ Distance: _____

Location: _____

Companions: _____

Weather	Difficulty
☀ ⛅ ☁ 🌧	🚶 🚶 🧗
	1 2 3 4 5
Temperature: _____	_____

Two great things about the hike:

1. _____

2. _____

Description/Highlights:

_____

_____

_____

_____

_____

_____

_____

_____

_____

Hike Overall Rating _____

☆ ☆ ☆ ☆ ☆   _____

Hike/Trail Name: _____

Date: _____ Distance: _____

Location: _____

Companions: _____

Weather	Difficulty
☀ ⛅ ☁ 🌧	🚶 🚶‍♂️ 🧗
	1 2 3 4 5
Temperature: _____	_____

Two great things about the hike:

1. _____

2. _____

Description/Highlights:

_____

_____

_____

_____

_____

_____

_____

_____

Hike Overall Rating

☆ ☆ ☆ ☆ ☆

_____

_____

Hike/Trail Name: _____

Date: _____ Distance: _____

Location: _____

Companions: _____

Weather	Difficulty
☀ ⛅ ☁ 🌧	🚶 🚶 🧗
	1 2 3 4 5
Temperature: _____	_____

Two great things about the hike:

1. _____

2. _____

Description/Highlights:

_____

_____

_____

_____

_____

_____

_____

_____

_____

Hike Overall Rating

☆ ☆ ☆ ☆ ☆

_____

_____

Hike/Trail Name: _____

Date: _____ Distance: _____

Location: _____

Companions: _____

Weather	Difficulty
☀ ⛅ ☁ 🌧	🚶 🥾 🧗
	1 2 3 4 5
Temperature: _____	_____

Two great things about the hike:

1. _____

2. _____

Description/Highlights:

_____
_____
_____
_____
_____
_____
_____
_____
_____

Hike Overall Rating	
☆ ☆ ☆ ☆ ☆	_____

Hike/Trail Name: _____

Date: _____ Distance: _____

Location: _____

Companions: _____

Weather	Difficulty

Weather

☀ ⛅ ☁ 🌧

Temperature: _____

Difficulty

🚶	🚶	🧗
1	2	3	4	5

_____

Two great things about the hike:

1. _____

2. _____

Description/Highlights:

_____

_____

_____

_____

_____

_____

_____

_____

_____

_____

Hike Overall Rating

☆ ☆ ☆ ☆ ☆

_____

_____

Hike/Trail Name: _____

Date: _____ Distance: _____

Location: _____

Companions: _____

Weather	Difficulty
☀ ⛅ ☁ 🌧	🚶 🥾 🧗
	1 2 3 4 5
Temperature: _____	_____

Two great things about the hike:

1. _____

2. _____

Description/Highlights:

_____
_____
_____
_____
_____
_____
_____
_____
_____

Hike Overall Rating

☆ ☆ ☆ ☆ ☆

Hike/Trail Name: _____

Date: _____ Distance: _____

Location: _____

Companions: _____

┌─────────────────────────┐ ┌─────────────────────────┐
│   Weather   │ │   Difficulty   │
│   │ │   │
│ ☀ ⛅ ☁ 🌧   │ │ [🚶] 1 2 [🚶] 3 4 [🧗] 5 │
│   │ │   │
│ Temperature: _____   │ │ _____ │
└─────────────────────────┘ └─────────────────────────┘

┌──┐
│   Two great things about the hike: │
│   │
│ 1. _____ │
│   │
│ 2. _____ │
└──┘

Description/Highlights:

_____
_____
_____
_____
_____
_____
_____
_____
_____

┌─────────────────────────┐
│ Hike Overall Rating   │ _____
│ ☆ ☆ ☆ ☆ ☆   │ _____
└─────────────────────────┘   27

Hike/Trail Name: _____

Date: _____   Distance: _____

Location: _____

Companions: _____

Weather	Difficulty
☀ ⛅ ☁ 🌧	🚶 🥾 🧗
	1 2 3 4 5
Temperature: _____	_____

Two great things about the hike:

1. _____

2. _____

Description/Highlights:

_____

_____

_____

_____

_____

_____

_____

_____

_____

Hike Overall Rating

☆ ☆ ☆ ☆ ☆

_____

_____

Hike/Trail Name: _____

Date: _____ Distance: _____

Location: _____

Companions: _____

Weather	Difficulty

Weather

☀ ⛅ ☁ 🌧

Temperature: _____

Difficulty

🚶 🥾 🧗
1 2 3 4 5
_____

Two great things about the hike:

1. _____

2. _____

Description/Highlights:

_____
_____
_____
_____
_____
_____
_____
_____
_____
_____

Hike Overall Rating
☆ ☆ ☆ ☆ ☆

Hike/Trail Name: _____

Date: _____ Distance: _____

Location: _____

Companions: _____

Weather	Difficulty

Weather

☀️ 🌤️ ☁️ 🌧️

Temperature: _____

Difficulty

🚶 🥾 🧗

1 2 3 4 5

_____

Two great things about the hike:

1. _____

2. _____

Description/Highlights:

_____
_____
_____
_____
_____
_____
_____
_____

Hike Overall Rating
☆ ☆ ☆ ☆ ☆

_____

_____

Hike/Trail Name: _____

Date: _____ Distance: _____

Location: _____

Companions: _____

Weather	Difficulty
☀ ⛅ ☁ 🌧	🚶 🚶 🧗
	1 2 3 4 5
Temperature: _____	_____

Two great things about the hike:

1. _____

2. _____

Description/Highlights:

_____
_____
_____
_____
_____
_____
_____
_____
_____

Hike Overall Rating
☆ ☆ ☆ ☆ ☆

_____
_____

Hike/Trail Name: _____

Date: _____ Distance: _____

Location: _____

Companions: _____

Weather	Difficulty
☀ ⛅ ☁ 🌧	🚶 1 🥾 2 3 🧗 4 5
Temperature: _____	_____

Two great things about the hike:

1. _____

2. _____

Description/Highlights:

_____

_____

_____

_____

_____

_____

_____

_____

_____

Hike Overall Rating

☆ ☆ ☆ ☆ ☆ _____

_____

Hike/Trail Name: _____

Date: _____ Distance: _____

Location: _____

Companions: _____

Weather	Difficulty

Weather

☀ 🌤 ☁ 🌧

Temperature: _____

Difficulty

🚶 🚶 🧗
1   2   3   4   5

_____

Two great things about the hike:

1. _____

2. _____

Description/Highlights:

_____
_____
_____
_____
_____
_____
_____
_____
_____

Hike Overall Rating
☆ ☆ ☆ ☆ ☆

_____
_____

Hike/Trail Name: _____

Date: _____ Distance: _____

Location: _____

Companions: _____

Weather	Difficulty
☀ ⛅ ☁ 🌧	🚶 🥾 🧗
	1 2 3 4 5
Temperature: _____	_____

Two great things about the hike:

1. _____

2. _____

Description/Highlights:

_____
_____
_____
_____
_____
_____
_____
_____
_____

Hike Overall Rating
☆ ☆ ☆ ☆ ☆

Hike/Trail Name: _____

Date: _____ Distance: _____

Location: _____

Companions: _____

Weather	Difficulty
☀ ⛅ ☁ 🌧	🚶 🚶 🧗
	1 2 3 4 5
Temperature: _____	_____

Two great things about the hike:

1. _____

2. _____

Description/Highlights:

_____

_____

_____

_____

_____

_____

_____

_____

_____

_____

Hike Overall Rating
☆ ☆ ☆ ☆ ☆

Hike/Trail Name: _____

Date: _____ Distance: _____

Location: _____

Companions: _____

Weather	Difficulty
☀ ⛅ ☁ 🌧	🚶 🥾 🧗
	1 2 3 4 5
Temperature: _____	_____

Two great things about the hike:

1. _____

2. _____

Description/Highlights:

_____
_____
_____
_____
_____
_____
_____
_____
_____

Hike Overall Rating
☆ ☆ ☆ ☆ ☆

Hike/Trail Name: _____

Date: _____ Distance: _____

Location: _____

Companions: _____

Weather	Difficulty

Weather

☀ ⛅ ☁ 🌧

Temperature: _____

Difficulty

🚶 🚶 🧗

1 2 3 4 5

_____

Two great things about the hike:

1. _____

2. _____

Description/Highlights:

_____

_____

_____

_____

_____

_____

_____

_____

_____

Hike Overall Rating

☆ ☆ ☆ ☆ ☆

Hike/Trail Name: _____

Date: _____   Distance: _____

Location: _____

Companions: _____

Weather	Difficulty

Weather

☀️ ⛅ ☁️ 🌧️

Temperature: _____

Difficulty

🚶 1   🥾 2   3   🧗 4   5

_____

Two great things about the hike:

1. _____

2. _____

Description/Highlights:

_____

_____

_____

_____

_____

_____

_____

_____

_____

Hike Overall Rating

☆ ☆ ☆ ☆ ☆

_____

_____

Hike/Trail Name: _____

Date: _____ Distance: _____

Location: _____

Companions: _____

Weather	Difficulty
☀ ⛅ ☁ 🌧	🚶 🥾 🧗
Temperature: _____	1 2 3 4 5 _____

Two great things about the hike:

1. _____

2. _____

Description/Highlights:

_____

_____

_____

_____

_____

_____

_____

_____

_____

Hike Overall Rating	
☆ ☆ ☆ ☆ ☆	_____

Hike/Trail Name: _____

Date: _____ Distance: _____

Location: _____

Companions: _____

Weather	Difficulty

Weather

☀ ⛅ ☁ 🌧

Temperature: _____

Difficulty

🚶 🥾 🧗

1 2 3 4 5

_____

Two great things about the hike:

1. _____

2. _____

Description/Highlights:

_____

_____

_____

_____

_____

_____

_____

_____

_____

Hike Overall Rating

☆ ☆ ☆ ☆ ☆

_____

_____

40

Hike/Trail Name: _____

Date: _____ Distance: _____

Location: _____

Companions: _____

Weather	Difficulty
☀ ⛅ ☁ 🌧	🚶 🚶 🧗
	1 2 3 4 5
Temperature: _____	_____

Two great things about the hike:

1. _____

2. _____

Description/Highlights:

_____

_____

_____

_____

_____

_____

_____

_____

_____

_____

Hike Overall Rating
☆ ☆ ☆ ☆ ☆

Hike/Trail Name: _____

Date: _____   Distance: _____

Location: _____

Companions: _____

Weather	Difficulty
☀ ⛅ ☁ 🌧	🚶 🥾 🧗
	1 2 3 4 5
Temperature: _____	_____

Two great things about the hike:

1. _____

2. _____

Description/Highlights:

_____
_____
_____
_____
_____
_____
_____
_____
_____

Hike Overall Rating
☆ ☆ ☆ ☆ ☆

Hike/Trail Name: _____

Date: _____ Distance: _____

Location: _____

Companions: _____

Weather	Difficulty

Weather

☀ ⛅ ☁ 🌧

Temperature: _____

Difficulty

🚶 🚶 🧗
1 2 3 4 5

_____

Two great things about the hike:

1. _____

2. _____

Description/Highlights:

_____
_____
_____
_____
_____
_____
_____
_____
_____
_____

Hike Overall Rating
☆ ☆ ☆ ☆ ☆

_____
_____

Hike/Trail Name: _____

Date: _____ Distance: _____

Location: _____

Companions: _____

Weather	Difficulty
☀ ⛅ ☁ 🌧	🚶 🥾 🧗
	1 2 3 4 5
Temperature: _____	_____

Two great things about the hike:

1. _____

2. _____

Description/Highlights:

_____

_____

_____

_____

_____

_____

_____

_____

_____

Hike Overall Rating   _____

☆ ☆ ☆ ☆ ☆   _____

Hike/Trail Name: _____

Date: _____   Distance: _____

Location: _____

Companions: _____

Weather	Difficulty

Weather

☀ ⛅ ☁ 🌧

Temperature: _____

Difficulty

🚶 🚶 🧗
1   2   3   4   5

_____

Two great things about the hike:

1. _____

2. _____

Description/Highlights:

_____

_____

_____

_____

_____

_____

_____

_____

_____

Hike Overall Rating

☆ ☆ ☆ ☆ ☆

_____

_____

Hike/Trail Name: _____

Date: _____ Distance: _____

Location: _____

Companions: _____

Weather	Difficulty
☀ ⛅ ☁ 🌧	🚶 1 🥾 2 3 🧗 4 5
Temperature: _____	_____

Two great things about the hike:

1. _____

2. _____

Description/Highlights:

_____

_____

_____

_____

_____

_____

_____

_____

_____

Hike Overall Rating
☆ ☆ ☆ ☆ ☆

Hike/Trail Name: _____

Date: _____ Distance: _____

Location: _____

Companions: _____

Weather	Difficulty
☀ ⛅ ☁ 🌧	🚶 1 2 🚶 3 4 🧗 5
Temperature: _____	_____

Two great things about the hike:

1. _____

2. _____

Description/Highlights:

_____

_____

_____

_____

_____

_____

_____

_____

_____

_____

Hike Overall Rating
☆ ☆ ☆ ☆ ☆

Hike/Trail Name: _____

Date: _____ Distance: _____

Location: _____

Companions: _____

Weather	Difficulty

Weather

☀ ⛅ ☁ 🌧

Temperature: _____

Difficulty

🚶 🥾 🧗
1   2   3   4   5
_____

Two great things about the hike:

1. _____

2. _____

Description/Highlights:

_____
_____
_____
_____
_____
_____
_____
_____
_____

Hike Overall Rating
☆ ☆ ☆ ☆ ☆

_____
_____

Hike/Trail Name: _____

Date: _____ Distance: _____

Location: _____

Companions: _____

Weather	Difficulty
☀ ⛅ ☁ 🌧	🚶 🥾 🧗
	1 2 3 4 5
Temperature: _____	_____

Two great things about the hike:

1. _____

2. _____

Description/Highlights:

_____
_____
_____
_____
_____
_____
_____
_____
_____

Hike Overall Rating
☆ ☆ ☆ ☆ ☆ _____

Hike/Trail Name: _____

Date: _____   Distance: _____

Location: _____

Companions: _____

Weather	Difficulty
☀ ⛅ ☁ 🌧	🚶 🥾 🧗
	1 2 3 4 5
Temperature: _____	_____

Two great things about the hike:

1. _____

2. _____

Description/Highlights:

_____
_____
_____
_____
_____
_____
_____
_____
_____

Hike Overall Rating
☆ ☆ ☆ ☆ ☆

Hike/Trail Name: _____

Date: _____ Distance: _____

Location: _____

Companions: _____

Weather	Difficulty

Weather

☀ ⛅ ☁ 🌧

Temperature: _____

Difficulty

🚶 🥾 🧗

1 2 3 4 5

_____

Two great things about the hike:

1. _____

2. _____

Description/Highlights:

_____

_____

_____

_____

_____

_____

_____

_____

_____

Hike Overall Rating

☆ ☆ ☆ ☆ ☆

_____

_____

Hike/Trail Name: _____

Date: _____   Distance: _____

Location: _____

Companions: _____

Weather	Difficulty
☀ ⛅ ☁ 🌧	🚶 🥾 🧗
	1 2 3 4 5
Temperature: _____	_____

Two great things about the hike:

1. _____

2. _____

Description/Highlights:

_____

_____

_____

_____

_____

_____

_____

_____

_____

Hike Overall Rating
☆ ☆ ☆ ☆ ☆

Hike/Trail Name: _____

Date: _____ Distance: _____

Location: _____

Companions: _____

Weather	Difficulty
☀ ⛅ ☁ 🌧	🚶 🚶 🧗
	1 2 3 4 5
Temperature: _____	_____

Two great things about the hike:

1. _____

2. _____

Description/Highlights:

_____

_____

_____

_____

_____

_____

_____

_____

_____

Hike Overall Rating
☆ ☆ ☆ ☆ ☆

Hike/Trail Name: _____

Date: _____ Distance: _____

Location: _____

Companions: _____

Weather	Difficulty

Weather

☀️ ⛅ ☁️ 🌧️

Temperature: _____

Difficulty

🚶 1 🚶‍♂️ 2 3 🧗 4 5

_____

Two great things about the hike:

1. _____

2. _____

Description/Highlights:

_____
_____
_____
_____
_____
_____
_____
_____
_____

Hike Overall Rating

☆ ☆ ☆ ☆ ☆

Hike/Trail Name: _____

Date: _____ Distance: _____

Location: _____

Companions: _____

Weather	Difficulty

Weather

☀ ⛅ ☁ 🌧

Temperature: _____

Difficulty

🚶 🚶 🧗
1 2 3 4 5
_____

Two great things about the hike:

1. _____

2. _____

Description/Highlights:

_____
_____
_____
_____
_____
_____
_____
_____
_____
_____

Hike Overall Rating
☆ ☆ ☆ ☆ ☆

Hike/Trail Name: _____

Date: _____ Distance: _____

Location: _____

Companions: _____

Weather	Difficulty
☀ ⛅ ☁ 🌧	🚶 1 🥾 2 3 4 🧗 5
Temperature: _____	_____

Two great things about the hike:

1. _____

2. _____

Description/Highlights:

_____

_____

_____

_____

_____

_____

_____

_____

_____

Hike Overall Rating

☆ ☆ ☆ ☆ ☆

Hike/Trail Name: _____

Date: _____ Distance: _____

Location: _____

Companions: _____

Weather	Difficulty

Weather

☀ ⛅ ☁ 🌧

Temperature: _____

Difficulty

1 2 3 4 5

_____

Two great things about the hike:

1. _____

2. _____

Description/Highlights:

_____
_____
_____
_____
_____
_____
_____
_____
_____

Hike Overall Rating

☆ ☆ ☆ ☆ ☆

_____
_____

Hike/Trail Name: _____

Date: _____ Distance: _____

Location: _____

Companions: _____

Weather	Difficulty
☀ ⛅ ☁ 🌧	🚶 🥾 🧗
	1 2 3 4 5
Temperature: _____	_____

Two great things about the hike:

1. _____

2. _____

Description/Highlights:

_____
_____
_____
_____
_____
_____
_____
_____
_____

Hike Overall Rating

☆ ☆ ☆ ☆ ☆   _____
_____

Hike/Trail Name: _____

Date: _____ Distance: _____

Location: _____

Companions: _____

Weather	Difficulty
☀ ⛅ ☁ 🌧	🚶 🚶 🧗
	1 2 3 4 5
Temperature: _____	_____

Two great things about the hike:

1. _____

2. _____

Description/Highlights:

_____
_____
_____
_____
_____
_____
_____
_____
_____

Hike Overall Rating
☆ ☆ ☆ ☆ ☆

Hike/Trail Name: _____

Date: _____ Distance: _____

Location: _____

Companions: _____

Weather	Difficulty
☀ ⛅ ☁ 🌧	🚶 🥾 🧗
	1 2 3 4 5
Temperature: _____	_____

Two great things about the hike:

1. _____

2. _____

Description/Highlights:

_____
_____
_____
_____
_____
_____
_____
_____
_____

Hike Overall Rating

☆ ☆ ☆ ☆ ☆

Hike/Trail Name: _____

Date: _____ Distance: _____

Location: _____

Companions: _____

Weather	Difficulty

Weather

☀ ⛅ ☁ 🌧

Temperature: _____

Difficulty

👤 🚶 🧗
1 2 3 4 5

_____

Two great things about the hike:

1. _____

2. _____

Description/Highlights:

_____

_____

_____

_____

_____

_____

_____

_____

_____

Hike Overall Rating

☆ ☆ ☆ ☆ ☆

_____

Hike/Trail Name: _____

Date: _____ Distance: _____

Location: _____

Companions: _____

Weather	Difficulty

Weather

☀ ⛅ ☁ 🌧

Temperature: _____

Difficulty

🚶 🥾 🧗
1   2   3   4   5

_____

Two great things about the hike:

1. _____

2. _____

Description/Highlights:

_____
_____
_____
_____
_____
_____
_____
_____
_____

Hike Overall Rating
☆ ☆ ☆ ☆ ☆

_____
_____

Hike/Trail Name: _____

Date: _____ Distance: _____

Location: _____

Companions: _____

Weather	Difficulty
☀ ⛅ ☁ 🌧	🚶 🚶 🧗
	1 2 3 4 5
Temperature: _____	_____

Two great things about the hike:

1. _____

2. _____

Description/Highlights:

_____

_____

_____

_____

_____

_____

_____

_____

_____

Hike Overall Rating
☆ ☆ ☆ ☆ ☆

Hike/Trail Name: _____

Date: _____   Distance: _____

Location: _____

Companions: _____

Weather	Difficulty
☀ ⛅ ☁ 🌧	🚶 🥾 🧗
	1 2 3 4 5
Temperature: _____	_____

Two great things about the hike:

1. _____

2. _____

Description/Highlights:

_____
_____
_____
_____
_____
_____
_____
_____
_____

Hike Overall Rating
☆ ☆ ☆ ☆ ☆

Hike/Trail Name: _____

Date: _____ Distance: _____

Location: _____

Companions: _____

Weather	Difficulty
☀ ⛅ ☁ 🌧	🚶 🚶 🧗
	1 2 3 4 5
Temperature: _____	_____

Two great things about the hike:

1. _____

2. _____

Description/Highlights:

_____
_____
_____
_____
_____
_____
_____
_____
_____

Hike Overall Rating
☆ ☆ ☆ ☆ ☆

Made in the USA
Middletown, DE
12 December 2019

80611019R00042